Mein Lieblingsgeschäft
Hier kauf ich gern!

Wie eine Vision den regionalen Einzelhandel
in Deutschland revolutionieren wird

von
Winfried Friedel

Bibliografische Informationen der Deutschen Bibliothek
Die Deutsche Bibliothek verzeichnet diese Publikation in
der Deutschen Nationalbibliografie;
detaillierte bibliografische Daten sind im Internet über
http://dnb.ddb.de abrufbar.

Herstellung und Verlag:
BoD - Books on Demand, Norderstedt
Gestaltung: WebDesign & Marketing, Bad Orb

ISBN 978-3-7357-5745-6

In diesem Buch erfahren Sie, weshalb Sie als regionale/r Einzelhändler/in eine der wichtigsten Personen in unserem Land sind.

Und weshalb Sie, trotz aller Konkurrenz aus dem Internet oder durch große Einkaufscenter, die besten Aussichten haben, positiv und erfolgreich in die Zukunft zu blicken.

Gewidmet allen Einzelhändlern/innen,

die die regionale Geschäftsvielfalt

lebendig, einzigartig und attraktiv machen.

Inhalt

Vorwort

Ein herrlicher Junimorgen in Dalj, Kroatien.

Ich sitze auf der Terrasse einer kleinen Pension, die direkt am Ufer der Donau liegt. Breit und ruhig dahinfließend zieht der mächtige Strom von links nach rechts an mir vorbei und verschwindet im Dunst am Horizont. Kleine Äste, ein größerer Baumstamm und grünbelaubte Büsche schippern steuerlos und doch genau kontrolliert durch die Strömung flussabwärts.

Hin und wieder verfängt sich ein solches Stück Treibholz in einer der zahlreichen Einbuchtungen am Flussufer, bleibt im Schlick hängen, um irgendwann von der Kraft der Strömung wieder fortgetragen zu werden.

Weshalb hat sich dieses Stück Treibholz hierher verirrt? Weshalb ist es von der Strömungslinie abgekommen, um hier, vor mir, zu stranden, während die anderen Äste weiterziehen?

Genau diese Frage habe ich mir auch immer wieder gestellt, wenn ich in einer der zahlreichen Fußgängerzonen in einem kleinen Städtchen in Deutschland saß und mir den Strom der Fußgänger, der meistens ein Rinnsal war, angeschaut habe.

Was veranlasste einen Bummelnden, die vorgegebene Richtung

in der Fußgängerzone zu verlassen, um in einem kleinen, liebevoll eingerichteten Geschäft die Auslagen zu begutachten und das eine oder andere Stück zu erwerben?

Mit großem finanziellen Aufwand, mit Mut und Engagement wurde ein solches Geschäft aufgebaut und eingerichtet und in freudiger Erwartung eines guten Umsatzes eröffnet. Und jetzt sollte es nur dem Zufall und Glück überlassen sein, dass sich mal ein Kunde in diesen Laden verirrte, so wie das Stranden eines Stücks Treibgut hier an der Donau?

Das gefiel mir nicht; ich wollte es gern ändern und etwas erfinden, was es jedem Inhaber eines Geschäftes ermöglichte, direkten Kontakt mit seinen Kunden aufzunehmen. Er sollte gezielt Werbung machen können, ohne riesige Streuverluste, wie sie durch Anzeigenschaltungen oder Flyerverteilung entstehen, ohne große Kosten und mit geringem Aufwand!

Ist das überhaupt möglich?

Ja, das ist möglich!

Wie innerhalb von zwei Jahren aus diesen Gedanken „Mein Lieblingsgeschäft – Hier kauf ich gern!" entstanden ist, welche Überlegungen und Chancen dahinterstecken und wie Sie ganz einfach dieses Werkzeug, dieses „Tool", für Ihr Geschäft nutzen können, erfahren Sie auf den folgenden Seiten.

Ich schreibe auch ganz bewusst Werkzeug, „Tool", weil es sich nicht einfach um eine neue Internetseite handelt, sondern tatsächlich um ein mächtiges Werkzeug, mit dem Sie Ihre Kunden direkt, schnell und einfach erreichen werden.

Mir ist bewusst, dass dieses „Tool" zwar gebrauchsfertig, aber noch lange nicht ausgereift ist, sondern sich weiterentwickeln, anpassen, optimieren, verändern und dadurch verbessern muss.

Dies ist jedoch nur möglich, wenn Sie und Ihre Kunden „Mein Lieblingsgeschäft – Hier kauf ich gern!" intensiv nutzen und Sie mir Ihre Erfahrungen, Ideen und Anregungen mitteilen.

Lassen Sie uns gemeinsam die Einkaufsvielfalt und Geschäftsattraktivität unserer Innenstädte erhalten, indem wir die Philosophie „Mein Lieblingsgeschäft – Hier kauf ich gern!" leben, unterstützen und weiter fördern!

Herzlichst
Ihr Winfried Friedel
im Juni 2014

Erste Gedanken

Wie so oft in der Woche musste ich mir mal wieder den Satz: „Herr Friedel, ich kann mir Anzeigenwerbung momentan nicht leisten!" anhören. Ein Geschäft für Kinderbekleidung hatte in einem kleinen Ort neu eröffnet, und ich stellte mich als Marketingberater des Ortsjournals vor. Der Verlag, für den ich mit meiner Agentur arbeitete und Aufträge vermittelte, gab bereits über 30 solcher Ortsjournale heraus. Und meine Aufgabe war es nun nicht, die „schnelle" Anzeige zu verkaufen, sondern im Gespräch mit dem Geschäftsinhaber ein Marketingkonzept zu entwickeln, das sich über zwölf Monate und finanziell tragbar aufbaute.

Doch der Inhaber traute sich nicht, regelmäßig einen monatlichen Betrag zwischen 50 und 90 Euro in Werbung zu investieren, weil er erst mal abwarten wollte, wie sich sein neu eröffnetes Geschäft entwickeln würde. Natürlich hatte er zur Eröffnung eine Anzeige geschaltet, und hin und wieder müsse er was machen, aber regelmäßig in Werbung zu investieren, sei vorerst nicht machbar.

„Wo soll ich 50 bis 90 Euro hernehmen, wenn ich nicht weiß, wie viel Umsatz ich im Monat mache?"

Eine verständliche Frage, die ich in mehr als der Hälfte aller Gespräche mit den Inhabern der Geschäfte in den letzten Jahren hörte.

Da hatte jemand eine gute Geschäftsidee, machte sich mit Mut, Risiko, Kreativität und großem Einsatz selbstständig und hatte dann nur ganz wenig oder nur unregelmäßig finanzielle Mittel für Werbung eingeplant.

Viele Inhaber, die alteingesessene Geschäfte in guten Lagen der Fußgängerzone hatten, vertrauten auf Stammkunden und hofften auf Laufkundschaft. Und viele hatten vor der Konkurrenz überregionaler Handelsketten, großer Filialisten und den Billigangeboten aus dem Internet bereits resigniert und hofften, irgendwie überleben zu können.

Ganz häufig traf ich auf Inhaber, die von morgens bis abends im Laden waren, die Öffnungszeiten des Geschäfts absaßen und warteten und darauf hofften, dass ein Stück Treibgut, ein Kunde, an Land gespült wurde.

Ich setzte mich in ein Café in der Fußgängerzone einer Kleinstadt, bestellte eine Tasse Kaffee, ließ meinen Blick über zahlreiche Geschäfte schweifen und beobachtete die wenigen Fußgänger, von denen der eine oder andere seine Nase an einem Schaufenster plattdrückte.

Was würde ich unternehmen, wenn ich Inhaber eines dieser Geschäfte wäre? Was könnte ich aktiv tun, um Kundschaft in meinen Laden zu bringen?

Weshalb wurden die großen Filialisten auf der grünen Wiese und die Anbieter im Internet immer bedrohlicher? Was machten diese anders als ich mit meinem kleinen Einzelhandelsladen?

Ganz klar: Sie saßen nicht da und warteten darauf, dass etwas passierte, sondern waren aktiv und lockten mit Angeboten und Aktionen die Kunden auf ihre Seite und in ihr Revier. Und die Internethändler machten es den Kunden bequem, weil sie nicht aus dem Haus brauchten. Jeder Artikel konnte bestellt werden und wurde dann per Paketdienst nach Hause geliefert. Und wenn etwas nicht gefiel oder passte, konnte es meistens versandkostenfrei zurückgeschickt werden.

Wäre ein solcher Service, Kunden regelmäßig mit Angeboten und Aktionen anzulocken, auch für diese Geschäfte hier, die für viele tausend andere Kleinstädte in Deutschland standen, möglich?

Ich erkannte, dass ein florierendes Geschäft nur möglich ist, wenn ich zu potentiellen Kunden einen direkten Kontakt herstellte. Doch wie war es zu schaffen, dauerhaft im Haushalt meiner Kunden präsent zu sein – ohne kostspielige Streuverluste? Die großen Handelsketten erreichen ihre Kunden immer, weil sie durch ein hohes Werbebudget und riesige Auflagen die enormen Streuverluste an Nicht-Kunden verkraften können.

Mein Kunde sollte sich nach Möglichkeit immer an mich und mein Sortiment hier im Geschäft erinnern, und wenn er etwas benötigte, an mich denken.

Regelmäßige Flyerverteilung oder Anzeigenwerbung waren jedoch zu kostspielig. Es musste ein kostengünstiges „Verbindungsstück" zwischen mir und meinem Kunden geben!

Nur: Was konnte das sein? Wie konnte das aussehen?

In den nächsten Tagen kreisten meine Gedanken ständig um dieses „Verbindungsstück", für das ich eine Lösung finden wollte.

Was war denn der Ausgangspunkt?

Ich hatte ein nettes, kleines Geschäft und viele schöne Waren. Unzählige Kunden hatten mein Geschäft schon besucht. Doch sobald ein Kunde meine Verkaufsräume verließ, war der Kontakt zu diesem Kunden wieder abgerissen.

Wie konnte ich den Kontakt zum Kunden aufrechterhalten? Ganz klar, ich musste ihm etwas mitgeben, das ihn immer wieder an mich und mein Sortiment erinnern würde.

Nun sind wir Deutsche Weltmeister im Sammeln von verschie-densten Dingen. Wäre es daher nicht möglich, dem Kunden eine Art „Sammelkarte" von meinem Geschäft mitzugeben? Ein hochwertig hergestelltes und informatives Druckprodukt im Format DIN A4 mit allen relevanten Informationen zu meinem Geschäft und dem Warensortiment.

Natürlich, das war's! So dachte ich zumindest.

Eine Sammelkarte, gedruckt auf Hochglanzpapier, mit schönen Fotos und kurzen, übersichtlichen Texten zu meinem Sortiment.

Und wenn jedes Geschäft seinen Kunden eine solche Sammelkarte mitgeben würde, müsste es einen Ordner geben, unter-

teilt in die verschiedensten Branchen, damit Kunden die Karten ihrer Lieblingsgeschäfte sammeln und aufbewahren konnten.

Ich ging von der Überlegung aus, dass Kunden nur die Karten von Geschäften sammeln würden, von denen sie begeistert waren und sagen konnten: „Hier kauf ich gerne wieder ein!" „Hier komm ich gerne wieder her!" „Das ist mein Lieblingsgeschäft!"

Und so entstand der Name für die Sammelkarten:

Mein Lieblingsgeschäft

Die Idee war nun geboren, und jetzt musste sie umgesetzt werden. Der Verlag, mit dem ich zusammenarbeitete, hatte kein richtiges Interesse daran, und so machte ich mich auf die Suche nach einem eigenen Weg, diese Idee voranzutreiben.

Das Glück und der Zufall wollten es, dass ich auf einen früheren Kunden von mir stieß, der Grafiker und Mediendesigner war und damals selbst ein Geschäft hatte: Uwe Ziegler.

Ich erzählte ihm von meiner Sammelkartenaktion, und da er nach einer neuen Herausforderung im Medienbereich suchte, war er sofort begeistert, die Idee mit umzusetzen.

Gemeinsam begannen wir die Idee „Mein Lieblingsgeschäft" in ein greifbares Produkt zu verwandeln.

Wir sprühen vor Tatendrang

Im Laufe von nur wenigen Monaten entwickelten wir nicht nur das Layout der Sammelkarten, sondern das komplette Marketingpaket: das Logo „Mein Lieblingsgeschäft" mit dem markanten Schwung unter den Buchstaben M und L, Briefpapier, Werbeanschreiben, Preisliste, Sammelordner, Aufkleber, Auftragsformular, zwei Varianten von Sammelkarten mit einem günstigeren Basis-Layout oder der Möglichkeit der individuellen Gestaltung sowie dem kompletten Internetauftritt.

Die Zusammenarbeit mit Uwe machte Spaß und erwies sich als erstklassig. Häufig musste ich gar nicht viel beschreiben, denn Uwe wusste sofort, wie er meine Gedanken umsetzen konnte. Die Ziele mit der Sammelkarte waren klar definiert:

- Als Geschäftsinhaber präsentieren Sie die Vorzüge Ihres Geschäfts in Wort und Bild auf einer hochwertig gestalteten Sammelkarte im Format DIN A4.

- Der Kunde kann sein Lieblingsgeschäft in einem Sammelordner griffbereit zu Hause aufbewahren und – je nach Geschäft – durch verschiedene Aktionen immer wieder einsetzen.

- Ihr Geschäft wird als wertvoll, attraktiv und bereichernd angesehen und ist dauerhaft im Haushalt des Kunden präsent.

Da die Deutschen, wie schon erwähnt, Weltmeister im Sammeln sind, versprachen wir uns mit den Eigenschaften dieser neuen Sammelkarten hervorragende Chancen, die regionalen Einzelhandelsgeschäfte in den Haushalten verstärkt zu verankern.

Die Vorteile für den Einzelhändler legten wir auf der Rückseite des Anschreibens dar:

1. Ihr Geschäft wird auf einem auffällig und hochwertig gestalteten DIN A4 Druck präsentiert.

2. Sammlercharakter durch Hochglanzpapier 250g, Offsetdruck, vorgefertigte 2-fach Lochung, Nummerierung, Datum.

3. Ihre Geschäftspräsentation steht während der Vertragsdauer zum Download auf www.mein-lieblingsgeschaeft.de bereit.

4. Jährliche Neuauflage und Änderung möglich, jedoch nicht zwingend notwendig. Sie bestimmen selbst, ob eine neue Sammelkarte Ihres Geschäfts alle ein, zwei oder drei Jahre erscheint.

5. Ihr Kunde kann einen Sammelordner erwerben, um seine „Lieblingsgeschäfte" der Region nach Rubriken individuell zusammenzustellen.

6. Nachdruck für eigene Werbezwecke zum Sonderpreis möglich.

7. Günstiger Paketpreis.

8. Der Paketpreis beinhaltet: Gestaltung mit bis zu 3 Korrekturabzügen (jeder weitere nach Aufwand), Layout, Textredaktion und Druck.

Hier ein paar Beispiele unserer kreativen Zusammenarbeit.

Der fertige Aufkleber für teilnehmende Ladengeschäfte.

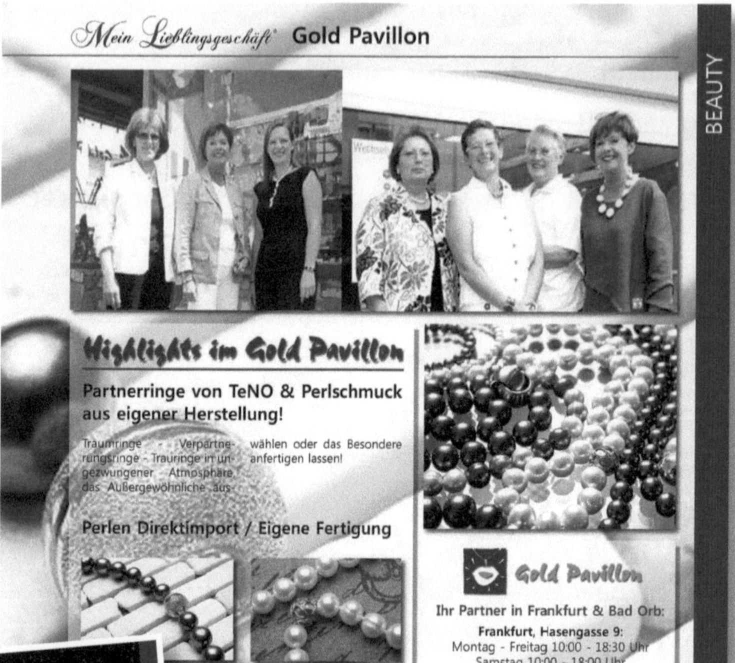

Mein Lieblingsgeschäft® Gold Pavillon

BEAUTY

Highlights im Gold Pavillon

Partnerringe von TeNO & Perlschmuck aus eigener Herstellung!

Trauringe - Verpartnerungsringe - Trauringe in ungezwungener Atmosphäre das Außergewöhnliche aus-wählen oder das Besondere anfertigen lassen!

Perlen Direktimport / Eigene Fertigung

...port garan... besten Prei... Auswahl. Wir ... Perlstränge ...ie bunt. Die ...Perl-Formen ...ll bei uns. ...ir ein um... an vorge... Wir halten ...messer 2 ...er 14 mm ...ätig ... mit per... ...nter Be... ...e finden ... ...n Frank-furt (neben der Kleinmarkthalle, gegenüber der Stadtbibliothek) oder in der Fußgängerzone von Bad Orb (nähe Untertor).

Das Team vom Gold-Pavillon berät Sie gerne, unverbindlich und vor allem kompetent.

Gold Pavillon

Ihr Partner in Frankfurt & Bad Orb:

Frankfurt, Hasengasse 9:
Montag - Freitag 10:00 - 18:30 Uhr
Samstag 10:00 - 18:00 Uhr

Bad Orb, Marktplatz 14:
Montag - Freitag 10:00 - 13:00 Uhr
und 15:00 - 18:00 Uhr
Samstag 9:30 - 15:30 Uhr

UNSER TIPP!

Anfertigung von Unikaten

Wir fertigen für Sie in eigener Werkstatt traumhaft schöne Colliers an. Die nachfolgende Auswahl gibt Ihnen einen kleinen Einblick in unser Sortiment.

Perlen, Wurzelkoralle, Lava, Bernstein, Lapislazuli, Bergkristall, Achaten

...LINGSGESCHÄFT NR. 2 - 25.10.2012

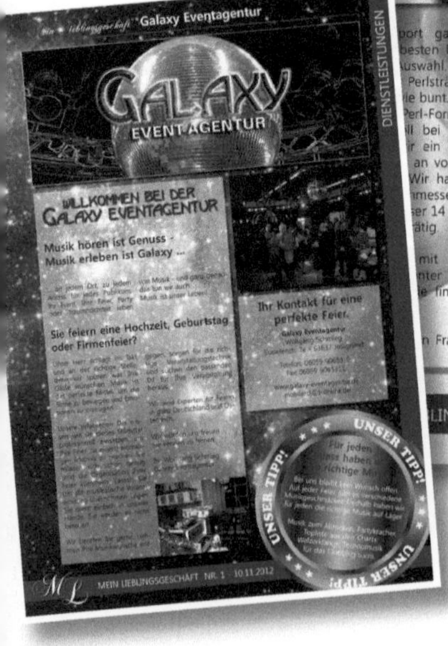

Galaxy Eventagentur

DIENSTLEISTUNGEN

GALAXY EVENT AGENTUR

WILLKOMMEN BEI DER GALAXY EVENTAGENTUR

Musik hören ist Genuss - Musik erleben ist Galaxy ...

Sie feiern eine Hochzeit, Geburtstag oder Firmenfeier?

Ihr Kontakt für eine perfekte Feier:

UNSER TIPP!

MEIN LIEBLINGSGESCHÄFT NR. 1 - 10.11.2012

Und hier die individuelle Sammelkarte - Vorderseite ...

... und so sah die Rückseite aus

Nachdem unsere Internetseite www.mein-lieblingsgeschaeft. de online war und unsere Verkaufsunterlagen druckfrisch in einzelnen Präsentationsmappen bereitlagen, starteten wir mit dem Verkauf.

Ich führte erste Gespräche mit vielen Geschäften und erfuhr ernüchternde Resultate: Die Idee hinter dieser Sammelkartenaktion fanden zwar viele sehr gut, doch alle zweifelten daran, ob sich diese Idee im Zeitalter des Internets langfristig würde durchsetzen können. Und da das Basis-Standard-Paket mit 2.000 Sammelkarten 725,- €, das Exklusiv-Paket 970,- € jeweils zuzüglich Mehrwert-steuer kosten sollte, war kein Geschäft bereit, für diesen stolzen Betrag das Wagnis einzugehen.

Dabei hatten wir doch alle Argumente für diese Sammelkartenaktion sorgfältig erarbeitet!

Und wenn eine Sammelkarte etwa alle drei Jahre vom Einzelhändler neu aufgelegt werden würde, so rechneten wir vor, müsste der Preis für die Sammelkarte für den gesamten Zeitraum gerechnet werden, und dann würde sich der Paketpreis quasi dritteln. Die Werbungskosten betrügen dann nur noch zwischen 241,- € und 323,- €, und diese Beträge müssten doch wohl für jedes Geschäft absolut realistisch sein.

Doch diese Rechnung hatten wir nicht mit dem Kunden ge-macht. Denn dieser war einfach nicht bereit, für eine Sammel-karte einen derart hohen Betrag auszugeben, auch dann nicht, als wir Raten-zahlung ohne Zinsaufschlag anboten.

Wir hatten tausende von Euro ausgegeben und viel Zeit inves-tiert – mit dem Ergebnis, dass das Produkt in dieser Art und Weise nicht zu verkaufen war.

Die Hauptgründe: zu teuer und zu altbacken, da nicht inter-net-basierend. Die Sammelkarte als dauerhaftes Verbindungs-stück zwischen Kunde und Geschäft war auf diese Art und Wei-se nicht umzusetzen.

Meine Idee „Mein Lieblingsgeschäft" war bereits ein Jahr nach meinen ersten Gedanken in jener Fußgängerzone gestorben … oder doch nicht?!

Mit Stift und Papier

Als Ultraläufer durch Sand- oder Eiswüsten war ich es seit Jahren gewohnt, mich den extremsten Herausforderungen zu stellen, um Ziele zu erreichen, die unmöglich erscheinen.

Ich erinnere mich an den „Badwaterultra", einen 230-km-Lauf, nonstop durch die Mojave-Wüste in Kalifornien. Als ich am Startpunkt „Badwater" stand, dem tiefsten Punkt der nördlichen Erdhalbkugel, und mir versuchte vorzustellen, bei 52 Grad Außen- und 45 Grad Nachttemperatur auf einer über 80 Grad heißen Asphaltdecke bis ins 230 km entfernte Ziel, dem Mount Whitney, zu laufen und dabei drei Pässe von mehr als 18 km Länge zu überqueren, schien dieser Lauf zum Scheitern verurteilt.

Doch nach 59 Stunden ununterbrochener Bewegung erreichte ich mein Ziel. Das unmöglich Scheinende war möglich geworden, obwohl sich schier unüberwindliche Hürden vor mir aufbauten.

Um mein Ziel zu erreichen, wendete ich einen ganz einfachen mentalen Trick an:

Nämlich nicht an die vielen Hindernisse zu denken, die mich erwarteten, oder was sonst alles an Schwierigkeiten auf mich zukommen könnte, sondern mich immer nur auf den nächsten Schritt zu konzentrieren.

Und genau so wollte ich nun mit meiner Idee „Mein Lieblingsgeschäft" umgehen. Die Vision, dem regionalen Einzelhändler eine feste Verankerung im Einkaufs-Bewusstsein seiner Kunden zu verschaffen und eine direkte Verbindung zu ihm herzustellen, ließ mich nicht mehr los, und dafür musste und würde ich eine Lösung finden.

Der bisher eingeschlagene Weg hatte sich als falsch erwiesen. Welch eine Erkenntnis! Ich hatte mehrere tausend Euro in den Sand gesetzt und stand nun wieder ganz am Anfang eines neuen und mit vielen Hindernissen gespickten Weges.

Wie konnte dieser neue Weg aussehen?

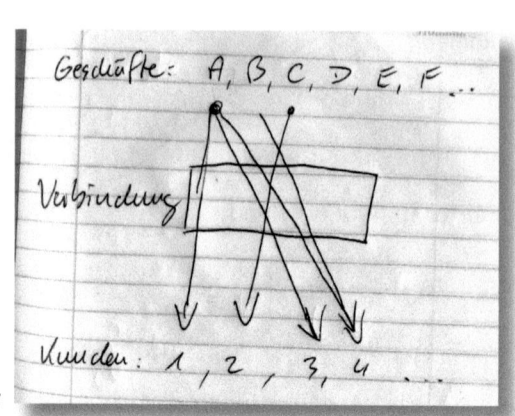

In mein Ideen-Schmierheft malte ich viele solcher Skizzen:

Da gab es auf der einen Seite die Geschäfte (A, B, C, D, E, F usw.), auf der anderen Seite die Kunden (1, 2, 3, 4 usw.).

Ich überlegte mir, was ich mir als Geschäftsinhaber am optimalsten wünschen würde. Für mich wären folgende Punkte wünschenswert:

- Ich müsste all meine Kunden direkt, ohne teure Streuverluste wie Werbeanzeigen oder Flyerverteilung, über Angebote oder Neuigkeiten aus meinem Geschäft informieren können.

- Am liebsten würde ich meine Kunden ganz schnell und sofort erreichen wollen. Wie beispielsweise in der Skizze: Als Geschäft

A will ich meine Kunden 1, 3 und 4 direkt ansprechen.

- Ich würde mein Geschäft so führen wollen, dass meine Kunden sagen könnten: „Hier kauf ich gern!" oder „Das ist mein Lieblingsgeschäft, weil …"

Und was würden meine Kunden wollen?

Da brauchte ich nur an mich selbst zu denken. Wie oft kaufte ich im Internet ein! Aber weshalb? Weil ich ein Angebot per Werbe-E-Mail erhalten hatte oder im Internet auf Werbeanzeigen gestoßen war, die mich interessierten. Und weil es schnell, einfach und bequem war!

Ich hatte durch das Internet einen „Anstoß" erhalten, wurde auf ein Angebot aufmerksam gemacht, und deshalb bestellte ich im Internet.

Würde ich verstärkt regional einkaufen, wenn ich diese Kaufimpulse, diese Anreize auch von meinen ortsansässigen Händlern erhalten würde?

Ein ganz klares JA!

Denn wenn ich wüsste, dass ich von meinem Geschäft „um die

Ecke", an dem ich jeden Tag vorbeifahre, das Angebotene, das, was ich brauche, sofort erhalten kann, würde ich das nutzen.

Aber diese Kaufimpulse erhielt ich nicht, und wöchentlich jede einzelne Anzeige in den kostenlosen Werbeblättern zu studieren, nur um zu sehen, ob mein Lieblingsgeschäft vielleicht ein Angebot veröffentlicht hat, wäre unrealistisch.

Wenn ich von meinem Bäcker, meinem Metzger, meinem Schuhgeschäft und noch ein paar weiteren Geschäften, eben den Läden, in denen ich gerne einkaufe, regelmäßig über Angebote informiert werden würde, würde ich das sehr begrüßen und in jedem Fall nutzen wollen.

Die großen Filialisten machten es doch vor! Kaum waren die Rabatt-Aufkleber von einem Bekleidungsgeschäft in meinem Briefkasten, schon fuhr ich dorthin, denn vielleicht würde ich ein schönes Stück finden, auf das ich dann zwischen 10 und 30 % Rabatt erhielt.

Wie oft nutzte ich die Gutscheine einer großen Fast-Food-Kette, die ich mehrmals im Jahr auf großen Bögen gedruckt in meinem Briefkasten fand.

Meine Vision war es nun, eine Möglichkeit zu schaffen, damit jedes Geschäft mit seinen Kunden in eine direkte Verbindung treten kann. Zwischen Geschäft und Kunde musste es eine Plattform, ein Verbindungsstück geben. Der Schlüssel dazu konnte nur eine Internetseite sein, und diese musste mehr können und bieten als alles bisher Dagewesene!

Dieser neuen Plattform wollte ich nun den Namen „Hier kauf ich gern" geben ...

Die Idee „Hier kauf ich gern!"

Ich sortierte all meine Ideen und brachte im Laufe der nächsten Wochen folgende Gedanken zu Papier:

- Die Einkaufsattraktivität und regionale Geschäftsvielfalt unserer Innenstädte lebt vom Engagement, dem Mut und den Ideen lokaler Anbieter und Dienstleister.

- Nicht die großen Ladenketten und Einkaufszentren machen einen Ort individuell und liebenswert, sondern ortsansässige Firmen und Anbieter, die mit ihren Umsätzen und Steuern auch das soziale Umfeld der Region (Kinder-gärten, Schulen, Kultureinrichtungen etc.) stärken und fördern.

- Deshalb ist es nicht nur wichtig, sondern überlebenswichtig, in uns allen das Bewusstsein zu wecken, verstärkt regional und ortsansässig einzukaufen.

- Aus diesem Grund haben wir die Plattform www.hier-kauf-ich-gern.eu ins Leben gerufen!

- www.hier-kauf-ich-gern.eu ist die Verteiler-Plattform, mit der jedes Geschäft seine Angebote oder Neuigkeiten direkt auf das

Email-Konto und Smartphone seiner Kunden sendet.

- www.hier-kauf-ich-gern.eu ist die Internet-Plattform, auf der alle Angebote und Neuigkeiten nach Region, Ort und Datum für jeden sichtbar auf einer „Werbetafel" stehen.

Und dann fügte ich noch zwei weitere Gedanken hinzu. Ob sie funktionierten, würde sich im Laufe der Umsetzung zeigen.

- www.hier-kauf-ich-gern.eu ist die Internet-Plattform, die von jeder Lokalzeitung in Deutschland gerne unterstützt, beworben und gefördert wird.

- www.hier-kauf-ich-gern.eu ist ein Hilfsmittel, mit der jede Lokalzeitung in Deutschland seine Anzeigenkunden stärken und den Umsatz festigen oder steigern kann.

Auf diese beiden Punkte, die lokale Tageszeitung einer Stadt, einer Region, mit einzubeziehen, war ich gekommen, als ich den vorherigen Gedanken „... das Bewusstsein wecken, verstärkt regional und ortsansässig einzukaufen" niederschrieb.

Die Tageszeitung einer Region sollte (oder musste!) zwangsläufig mit einbezogen werden, damit die Vision immer wieder neu gestärkt werden konnte.

Welche Gründe sprachen dafür, dass eine regionale Tageszeitung diese Idee nicht nur einmal aufgreifen, sondern dauerhaft und exklusiv zum eigenen Nutzen einsetzen konnte?

Um diese Frage beantworten zu können, musste ich mir die Tageszeitungen in Deutschland etwas genauer anschauen.

Ich konnte meine Recherche im Internet durchführen und stieß dabei auf folgende Aspekte:

1. Es gab 509 regionale Tageszeitungen in Deutschland, deren Verbreitung sich in vielen Gebieten überschnitt.

2. Alle Tageszeitungen machten seit mehreren Jahren immer weiter rückläufigen Anzeigenumsatz.

Genau an diesem Punkt, dem Anzeigenumsatz, setzte meine Argumentation für das kostenlose Bewerben meiner Vision an. Hier das Anschreiben mit allen Argumenten, das ich an ausgesuchte Verlage senden würde:

Lesergewinnung – Umsatzsteigerung – Sympathiegewinnung

Sehr geehrter Herr ...,

„Mein Lieblingsgeschäft – Hier kauf ich gern!" ist ein völlig neues Marketingtool für Ihre regionalen Anzeigenkunden.

Gerne möchten wir Sie dafür als Kooperationspartner gewinnen.
Die Vorteile, die sich für Ihre regionale Tageszeitung ergeben, sind:

- ***Sympathiegewinnung*** *bei Lesern, Anzeigenkunden, Geschäftsinhabern, Gewerbevereinen, Bürgermeistern*
- ***Förderer*** *und* ***Unterstützer*** *einer regionalen Einkaufsphilosophie*
- ***Stärkung*** *bestehender und künftiger örtlicher Anzeigenkunden*
- *dadurch* ***Steigerung*** *des Anzeigenumsatzes*
- ***zusätzlicher Umsatz:*** *.. % der Basis-Jahresgebühr aller angemeldeten Geschäfte Ihres vertraglich festgelegten PLZ-Bereichs werden Ihrem Verlag verprovisioniert. (Beispiel: .. % von 149,- € x …. Kunden pro Jahr = über 50.000,- € zusätzlicher Umsatz)*
- ***exklusiver Lizenzvertrag*** *für 2 Jahre mit Option für weitere 2 Jahre für Ihr Gebiet*
- ***Gewinnung der Herzen einer ganzen Region***

Der klare und geniale Nutzen von „Mein Lieblingsgeschäft – Hier kauf ich gern!" für regionale Geschäfte und alle Endverbraucher wird in der Anlage erklärt.

Einem persönlichen Gespräch sehe ich gerne entgegen.

Mit freundlichen Grüßen
Winfried Friedel
CEO, CBO

Mit meinem Geschäftspartner Uwe machte ich mich anschliessend daran, die neuen Gedanken grafisch umsetzen. Die ersten Logoentwürfe entstanden:

Und hier die erste Grafik meiner Idee:

So funktioniert „Hier kauf ich gern"

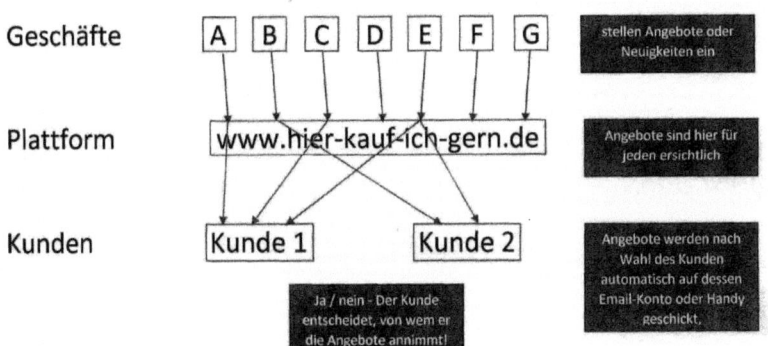

Kunde 1 lässt sich von Geschäft A, C und E die Angebote direkt aufs Handy oder Email-Konto senden.
Kunde 2 lässt sich von Geschäft B und E die Angebote direkt aufs Handy oder Email-Konto senden.

Obwohl sich Uwe die größte Mühe gab, meine Ideen zu visualisieren, war ich mit keinem der vielen Entwürfe so richtig glücklich. „Lokal einkaufen" und „… Heimat erhalten" standen als Ergänzung im Logo. Natürlich waren diese Aussagen sachlich richtig. Aber irgendetwas war nicht stimmig, irgendetwas fehlte.

Aber was?

Ich schaute mir die alten Unterlagen der vorherigen Sammel-
kartenidee an. Da hatten wir überall „Mein Lieblingsgeschäft"
stehen, mit einem farblich hervorgehobenen „M" und „L" und
darunter eine geschwungene Fläche, die aussah wie ein liegen-
der Halbmond.

Ganz klar, der Name „Mein Lieblingsgeschäft" durfte nicht ver-
schwinden, der musste erhalten bleiben! Denn ein Kunde würde nur von seinen Lieblingsgeschäften die aktuellen Angebote
erhalten wollen und nicht von allen Geschäften einer Region.
Der Kunde musste immer selbst entscheiden können, von wem
er Angebote in welchem Zeitraum erhalten wollte. Der Kunde
musste auch immer selbst bestimmen können, wie lange er von
einem Geschäft mit Informationen versorgt werden wollte.

Hatte der Kunde genug von einem Geschäft, aus welchen Grün-
den auch immer, musste er dieses Geschäft sofort aus seiner
„Mein Lieblingsgeschäft-Liste" streichen können.

Immer wieder „Mein Lieblingsgeschäft", ganz klar, diese zwei
Worte mussten erhalten bleiben.

Fügten wir doch mal beide „Claims" zusammen: „Hier kauf ich
gern! – Mein Lieblingsgeschäft". Nein, das klang blöd! Besser

war: „Mein Lieblingsgeschäft – Hier kauf ich gern! "

Ja, das war es! Der Kunde musste sagen können: „Das ist ‚Mein Lieblingsgeschäft' und ‚Hier kauf ich gern!'."

Ich bat Uwe, beide „Claims" grafisch zusammenzuführen. Und ich wollte, dass ein lachendes, freundliches Gesicht zu erkennen ist. Uwe setzte das grafisch dann perfekt um.

Der fertige Flyer, damals noch mit grauem Hintergrund.

Nach ein paar Monaten mit kreativen Gesprächen und vielen Diskussionen hatten wir die neue Idee in Wort und Bild umgesetzt.

Uwe leistete in zahlreichen Nachtschichten schier Unglaubliches, denn er entwickelte nicht nur die Grafik, sondern programmierte auch eine komplett funktionierende Website. Und das war „nicht mal eben aus der Hand geschüttelt", denn von der Anmeldung der Geschäfte und deren Kunden bis hin zum Newsversand an den Endverbraucher musste alles ohne Fehler funktionieren. Viele Anläufe, Wege und Umwege waren nötig, bis alles zu unserer beider Zufriedenheit funktionierte.

Die Idee war bereit, den ersten Geschäften vorgestellt zu werden. Allerdings gefiel mir die graue und eher düstere Gestaltung unseres Auftritts immer weniger, je länger ich mir den Flyer und die Website anschaute.

Parallel zu ersten Kundengesprächen, die ich knüpfen wollte, bat ich Uwe, sich an eine neue Farbgestaltung zu machen.

Die ersten Geschäftskunden

Allen Kunden, denen ich die Idee anhand des grauen Flyers vorstellte, äußerten sich begeistert und waren skeptisch zugleich. Ab und zu hatte ich den Eindruck, dass sie dachten: „Wieder mal eine visionäre Idee zur angeblichen Rettung des Einzelhandels, um den Geschäften Geld für Werbung aus der Tasche zu ziehen." Irgendetwas schien ich bei meinen ersten Gesprächen falsch gemacht zu haben, ich wusste nur noch nicht was.

Bei genauerer Analyse der Aussagen auf dem Flyer erkannten wir dann unseren Fehler. Nicht der Nutzen für die Geschäfte und deren Kunden stand im Vordergrund, sondern wir sprachen das Einkaufs-verhalten und das Bewusstsein des Kunden an.

Das musste schnellstens geändert werden. Während Uwe sich an die neue Farbgestaltung machte, überlegte ich mir, wie wir die Vorteile mit unserem Marketingtool kurz, präzise und verständlich in einer Präsentation vermitteln konnten.

Das Ergebnis eine knappe Woche später konnte sich sehen lassen.

Präsentation, Seite 1

Philosophie

Wir wollen die regionale und ortsansässige Geschäfts- und Einkaufswelt, vertreten durch kleine, individuelle Geschäfte und Anbieter, erhalten stärken und fördern.

Nicht die großen Ladenketten und Einkaufszentren machen einen Ort individuell und liebenswert, sondern ortsansässige Geschäfte und Anbieter, die sich mit neuen Ideen, persönlichem Engagement und finanziellem Einsatz für die Region stark machen.

Die Einkaufsvielfalt und Geschäftsattraktivität unserer Innenstädte bleiben nur erhalten, wenn wir gemeinsam die Philosophie „Mein Lieblingsgeschäft - Hier kauf ich gern!" leben, unterstützen und fördern.

Mein Lieblingsgeschäft · Hier kauf ich gern !

FoYoD Winfried Friedel UG (haftungsbeschränkt) · Bügelmstr. 11 · 63599 Biebergemünd · 06050 908256 · info@hier-kauf-ich-gern.eu · mein-lieblingsgeschaeft.de · hier-kauf-ich-gern.eu

Präsentation, Seite 2

Philosophie:

Wir wollen die regionale und ortsansässige Geschäfts- und Einkaufswelt, vertreten durch kleine, individuelle Geschäfte und Anbieter, erhalten stärken und fördern.

Nicht die großen Ladenketten und Einkaufszentren machen einen Ort individuell und lebenswert, sondern ortsansässige Geschäfte und Anbieter, die sich mit neuen Ideen, persönlichem Engagement und finanziellem Einsatz für die Region stark machen.

Die Einkaufsvielfalt und Geschäftsattraktivität unserer Innenstädte bleiben nur erhalten, wenn wir gemeinsam die Philosophie „Mein Lieblingsgeschäft - Hier kauf ich gern!" leben, unterstützen und fördern.

Mein Lieblingsgeschäft   Hier kauf ich gern!

FoYoD Winfried Friedel UG (haftungsbeschränkt) • Begenstr. 11 • 63599 Biebergemünd • 06050 908256 • info@hier-kauf-ich-gern.eu • mein-lieblingsgeschaeft.de • hier-kauf-ich-gern.eu

Präsentation, Seite 3

Einfaches Handling:

- Einmalige Registrierung
- Regelmäßige Einstellung der Angebote über Maske
- Übernahme von vielen Serviceleistungen durch „Hier kauf ich gern!"
- z.B. Einpflegen der E-Mail Adressen von Kunden
- fertige Flyer zur Bewerbung für Kunden
- Untersützung durch regionale Tageszeitung vor Ort

Mein Lieblingsgeschäft   Hier kauf ich gern!
FoYoO Winfried Friedel UG (haftungsbeschränkt) • Bogenstr. 11 • 63599 Biebergemünd • 06050 908256 • info@hier-kauf-ich-gern.eu • mein-lieblingsgeschaeft.de • hier-kauf-ich-gern.eu

Präsentation, Seite 4

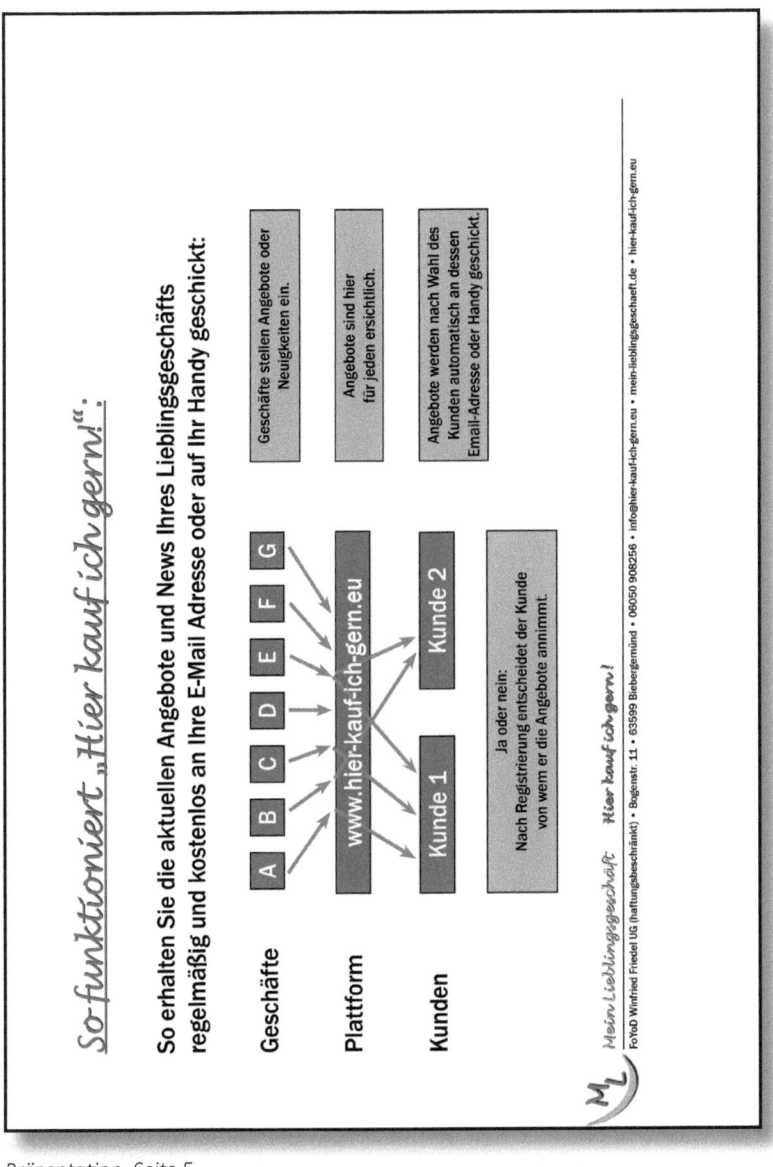

Pakete:

„Business Basic"-Paket

Über 100 Angebote oder News im Jahr
(Wöchentlich max. 2 Angebote/News)

Newsletter-Erstellung und -Versand für
jedes Ihrer Angebote an Ihre Kunden

Pflege der Adressliste Ihrer Kunden
für den Newsletter

100 Flyer (ohne Eindruck) zur Auslage
im Geschäft (Info zum Anmelden
des Newsletters für Ihre Kunden)

1 Plakat DIN A3 für Aushang
an Ihrer Eingangstür

149,- € zzgl. MwSt. pro Jahr

„Business Comfort"-Paket

Über 200 Angebote oder News im Jahr
(Wöchentlich max. 4 Angebote/News)

Newsletter-Erstellung und -Versand für
jedes Ihrer Angebote an Ihre Kunden

Pflege der Adressliste Ihrer Kunden
für den Newsletter

250 Flyer (ohne Eindruck) zur Auslage
im Geschäft (Info zum Anmelden
des Newsletters für Ihre Kunden)

1 Plakat DIN A3 für Aushang
an Ihrer Eingangstür

179,- € zzgl. MwSt. pro Jahr

„Business Premium"-Paket

Über 500 Angebote oder News im Jahr
(Wöchentlich max. 10 Angebote/News)

Newsletter-Erstellung und -Versand für
jedes Ihrer Angebote an Ihre Kunden

Pflege der Adressliste Ihrer Kunden
für den Newsletter

1000 Flyer mit individuell gestalteter
Rückseite für mehr Informationen über
Ihr Geschäft/Firma zur Auslage
im Geschäft (Info zum Anmelden
des Newsletters für Ihre Kunden)

1 Plakat DIN A3 für Aushang
an Ihrer Eingangstür

219,- € zzgl. MwSt. pro Jahr

Mein Lieblingsgeschäft   *Hier kauf ich gern!*

FoYoD Winfried Friedel UG (haftungsbeschränkt) • Bürenstr. 11 • 63599 Biebergemünd • 06050 908256 • info@hier-kauf-ich-gern.eu • mein-lieblingsgeschaeft.de • hier-kauf-ich-gern.eu

*Wir hatten drei Verkaufspakete geschnürt, mit folgenden Preisen und Nutzen.
Präsentation, Seite 6*

Kontaktdaten:

FoYoD Winfried Friedel UG (haftungsbeschränkt)

Winfried Friedel
Bogenstr. 11
D - 63599 Biebergemünd

Telefon:	06050 908256
Fax:	06052 9279066
Mobil:	0157 39218816

winfried.friedel@hier-kauf-ich-gern.eu

www.mein-lieblingsgeschaeft.de • www.hier-kauf-ich-gern.eu

Uwe Ziegler
Hauptstraße 20
D - 63619 Bad Orb

Telefon:	06052 9276361
Fax:	06052 9279066
Mobil:	0151 51010370

info@hier-kauf-ich-gern.eu

Mein Lieblingsgeschäft **Hier kauf ich gern!**

FoYoD Winfried Friedel UG (haftungsbeschränkt) • Bogenstr. 11 • 63599 Biebergemünd • 06050 908256 • info@hier-kauf-ich-gern.eu • mein-lieblingsgeschaeft.de • hier-kauf-ich-gern.eu

Und zum Schluss kamen unsere Kontaktdaten. Präsentation, Seite 7

Uwe hatte mir außerdem noch eine aufwendige Power-Point-Präsentation zusammengestellt, die ausführlich die Funktionsweise unserer Website erklären sollte.

Im Oktober 2013 knüpfte ich erstmals Kontakt mit der Firma GUTKAUF aus Cölbe. GUTKAUF ist ein Unternehmen, das seit 80 Jahren die Philosophie „Hier lebe ich, hier kaufe ich" fördert und mit seinem Service über 450 Kunden aus den Bereichen Lebensmitteleinzelhandel, Kioske, Dorfläden etc. beliefert.

Eine Firma mit dieser Philosophie musste einfach der richtige Partner für unsere Vision sein. Nach einem langen Telefonat mit dem Geschäftsführer Bernd Bamberger vereinbarten wir einen persönlichen Präsentationstermin im Januar 2014.

Voller Spannung fuhren Uwe und ich im Januar dorthin. Obwohl uns der Termin vorher von der Sekretärin der Geschäftsleitung bestätigt worden war, war unser Termin nicht im Terminkalender von Herrn Bamberger eingetragen. Man entschuldigte sich, aber eigentlich hätte er heute keine Zeit für uns. Trotzdem wurde uns freundlicherweise ein Termin von 30 Minuten für 2 Stunden später angeboten.

Wir räumten uns aufgrund dieser Situation wenige Chancen

ein, überhaupt etwas zu erreichen. Die Power-Point-Präsentation allein würde schon etwa 30 Minuten dauern …

Durch die Situation der geringen Zeitspanne war ich gezwungen, unsere Idee kurz, knapp und effektiv vorzustellen.

Das war mir dann auch gelungen! Herr Bamberger und der anwesende Vertriebsleiter Herr Hippel verstanden die Idee nicht nur auf Anhieb, sondern boten uns auch an, mit ihrer Filiale in Cölbe sofort als Testkunde mit einzusteigen.

„Fantastisch!", dachten wir uns, hatten wir doch einen „großen" Geschäftspartner an Land gezogen, mit dem wir unsere Vision nicht nur testen, sondern auch umsetzen und vergrößern konnten.

Jetzt musste es einfach Schlag auf Schlag weitergehen, so hofften wir. Aber dem war nicht so!

Zwei Dinge standen dem entgegen: erstens Zeitmangel und zweitens zu wenig Geld. Zeitmangel deshalb, weil Uwe und ich als selbstständige Kaufleute zuerst schauen mussten, Umsatz in unsere Kasse zu bekommen. Denn nur wenn wir Umsatz machten, konnten wir auch in unsere Vision investieren.

Gerne hätte ich ausschließlich meine Vision „Mein Lieblingsgeschäft – Hier kauf ich gern!" vorwärtsgetrieben. Aber dazu brauchte ich die finanziellen Mittel.

In den nächsten Monaten erzählte ich zahlreichen Menschen von unserer Vision – in der Hoffnung, dadurch irgendwie viel Geld in die Kasse zu bekommen. Geld für den Vertrieb, den ich über-nehmen wollte, und Geld für eine neue und noch professionellere Website sowie für neue Werbe- und Marketingunterlagen.

Uwe und ich überlegten auch, unsere Vision auf den Crowdfundingplattformen „Startnext" oder „Companisto" zu präsentieren, um über viele, viele Gönner an weitere Finanzmittel zu kommen.

Mit dem Geld würden wir dann folgende Schritte angehen:
1. Gestaltung und Druck professioneller Werbeunterlagen
2. Komplette Verbesserung und Umprogrammierung unserer Website und Entwicklung einer dazugehörigen APP
3. Vertriebs- und Marketingkosten für die nächsten 6–9 Monate
Ich erstellte einen visionären Businessplan und machte mich auf die Suche.

Im April 2014 bahnte sich der Kontakt zu einem „stillen" Gönner an, und im Mai 2014 war die Partnerschaft klar. Wir hatten nun genügend finanzielle Mittel, um die obigen Schritte 1–3 angehen zu können.

Wir können voll durchstarten

All unsere Zeit investierten Uwe und ich nun, um unserer Vision ein völlig neues Gesicht zu geben. Ein neuer Webauftritt sollte programmiert und neue Werbeunterlagen entwickelt und gestaltet werden.

Ebenso haben wir die Aussagen aller Texte neu durchdacht und komplett überarbeitet. Die Aussage, die wir bisher auf unserer Website und unserem „grauen" Flyer hatten, bezogen sich auf das Bewusstsein und Gewissen des Kunden, nicht jedoch auf den Nutzen.

Die meisten dachten bisher, wir hätten eine neue Website für den regionalen Einzelhändler entwickelt, und verstanden den Hauptnutzen erst nach genauerer Erklärung.

Dabei musste der Nutzen in einer klaren Aussage sofort erkennbar sein! Das in wenige Worte zu fassen, war nicht einfach. Als Ergebnis langer Diskussionen formulierten wir diese zwei Zeilen:

Die „Werberevolution 2.0" und als Zusatz „für regionale Geschäfte und deren Kunden".

Das Wort „Werberevolution" auf dem Folder für Geschäfte wählten wir, weil wir eindeutig aussagen wollten, dass es sich bei unserer Idee um etwas völlig Neues und bisher Einzigartiges handelte. Es ging hier um ein neuartiges Marketingtool und nicht um eine Website.

„Shopping Revolution 2.0" und als Zusatz „für alle Kunden und deren Lieblingsgeschäfte".

Diese Aussage wählten wir als Titelzeile für den Werbeflyer, der in allen teilnehmenden Geschäften für die Kunden zur Info und Registrierung ausliegt. Denn schließlich war unsere Vision tatsächlich eine neue Art, regional einkaufen zu können.

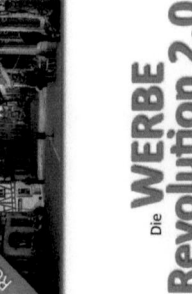

Die WERBE Revolution 2.0

für regionale Geschäfte und deren Kunden!

Mein Lieblingsgeschäft
Hier kauf ich gern!

© WEBdesign & Marketing, Bad Orb

UNSERE PHILOSOPHIE:

Wir wollen die regionale Geschäfts- und Einkaufswelt, vertreten durch kleine, individuelle Geschäfte und Anbieter, erhalten stärken und fördern.

Denn: Nicht die großen Ladenketten und Einkaufszentren machen einen Ort individuell und liebenswert, sondern ortsansässige Geschäfte und Anbieter, die sich mit neuen Ideen, persönlichem Engagement und finanziellem Einsatz für die Region stark machen.

Die Einkaufsvielfalt und Geschäftsattraktivität unserer Innenstädte bleiben nur erhalten, wenn wir gemeinsam die Philosophie „Mein Lieblingsgeschäft - Hier kauf ich gern!" leben, unterstützen und fördern.

SIE HABEN INTERESSE?

Vereinbaren Sie jetzt einen kostenlosen Präsentations- oder Beratungstermin.

§FoYoD
FoLLOW YoUR Dream
(haftungsbeschränkt)

FoYoD Winfried Friedel UG
Bogenstraße 11 • 63599 Biebergemünd

Winfried Friedel
CEO • CBO

Phone +49 (0)6050 908257
winfried.friedel@hier-kauf-ich-gern.eu

Uwe Ziegler
CEO • CWO

Phone +49 (0)6052 9276361
uwe.ziegler@hier-kauf-ich-gern.eu

www.hier-kauf-ich-gern.eu

JAHRES-PAKETE:

„Business Basic"-Paket

• Über 100 Angebote oder News im Jahr
(Wöchentlich max. 2 Angebote/News)
• Newsletter-Erstellung und -Versand für jedes Ihrer Angebote an Ihre Kunden
• Pflege der Adressliste Ihrer Kunden für den Newsletter
• 100 Flyer (ohne Eindruck) zur Auslage im Geschäft
(Info zum Anmelden des Newsletters für Ihre Kunden)
• 1 Plakat DIN A3 zum Aushang an Ihrer Eingangstür

149,- € zzgl. MwSt. pro Jahr

„Business Comfort"-Paket

• Über 200 Angebote oder News im Jahr
(Wöchentlich max. 4 Angebote/News)
• Newsletter-Erstellung und -Versand für jedes Ihrer Angebote an Ihre Kunden
• Pflege der Adressliste Ihrer Kunden für den Newsletter
250 Flyer (ohne Eindruck) zur Auslage im Geschäft
(Info zum Anmelden des Newsletters für Ihre Kunden)
• 1 Plakat DIN A3 zum Aushang an Ihrer Eingangstür

179,- € zzgl. MwSt. pro Jahr

„Business Premium"-Paket

• Über 500 Angebote oder News im Jahr
(Wöchentlich max. 10 Angebote/News)
• Newsletter-Erstellung und -Versand für jedes Ihrer Angebote an Ihre Kunden
• Pflege der Adressliste Ihrer Kunden für den Newsletter
• 1000 Flyer mit individuell gestalteter Rückseite für mehr Informationen über Ihr Geschäft/Firma zur Auslage im Geschäft
(Info zum Anmelden des Newsletters für Ihre Kunden)
• 1 Plakat DIN A3 zum Aushang an Ihrer Eingangstür

219,- € zzgl. MwSt. pro Jahr

So sieht unser Flyer für Geschäftskunden aus - Vorderseite ...

GERINGER AUFWAND UND EINFACHES HANDLING, DA

- keine Adress- und Kundenverwaltung
- keine Office- oder Programmierkenntnisse
- keine laufenden Kosten, nur geringer Jahresbeitrag
- keine Updates oder Programmerweiterungen nötig, immer aktuell
- Einstellung Ihrer Angebote oder News über eine Eingabemaske
- Übernahme von vielen Serviceleistungen durch „Hier kauf ich gern!",
- z.B. Einpflegen der E-Mail Adressen von Kunden
- fertige Flyer zur Bewerbung für Ihre Kunden

So funktioniert „Hier kauf ich gern!":

Ganz einfach erhalten Kunden die aktuellen Angebote und News ihres Lieblingsgeschäfts an ihre E-Mail Adresse oder auf ihr Smartphone geschickt:

Geschäfte: A B C D E F G

Plattform: www.hier-kauf-ich-gern.eu

Kunden: Kunde 1   Kunde 2

Ja oder nein:
Nach Registrierung entscheidet der Kunde von wem er die Angebote annimmt.

Geschäfte stellen Angebote oder Neuigkeiten ein.

Angebote sind hier für jeden ersichtlich.

Angebote werden nach Wahl des Kunden automatisch an dessen E-Mail-Adresse oder Smartphone geschickt.

WWW.HIER-KAUF-ICH-GERN.EU

Ein völlig neuartiges Marketingtool!

- Mit Hilfe von www.hier-kauf-ich-gern.eu können Sie schnell, einfach und günstig Ihre Angebote oder News direkt an Ihre Kunden senden!
- Keine „Streuverluste"
- Erhebliche Einsparung teurer Flyer- und Anzeigenwerbung
- Zur Neukunden-Gewinnung wird „Hier kauf ich gern!" regional und bundesweit beworben.

IHR ERFOLG IST UNSER ZIEL!

... Rückseite

Mein Lieblingsgeschäft

Hier kauf ich gern!

SHOPPING Revolution 2.0
für alle Kunden und deren Lieblingsgeschäfte!

Erhalten Sie von Ihren ausgewählten Lieblingsgeschäften die aktuellen Angebote oder News kostenlos direkt per Email oder auf Ihr Smartphone.

Vorteile:

- Ihr Lieblingsgeschäft erspart sich einen Großteil teurer Anzeigen- oder Flyerwerbung. Dadurch ergeben sich stabile Einkaufspreise und weniger Papierflut in Ihrem Briefkasten.
- Als Kunde verpassen Sie kein Angebot und sind immer aktuell informiert.
- Bei Anmeldung direkt in Ihrem Lieblingsgeschäft erhalten Sie von diesem ein kleines Dankeschön. Dieses kann je nach Geschäft variieren.

Machen Sie mit!

Denn die Einkaufsvielfalt und Geschäftsattraktivität unserer Innenstadt bleiben nur erhalten, wenn wir gemeinsam die Philosophie „Hier kauf ich gern" leben, unterstützen und fördern!

Jetzt anmelden und Vorteile sichern!

Auf www.mein-lieblingsgeschaeft.de oder direkt hier im Geschäft (siehe Rückseite).

Und hier unser Flyer für den Endverbraucher - Vorderseite

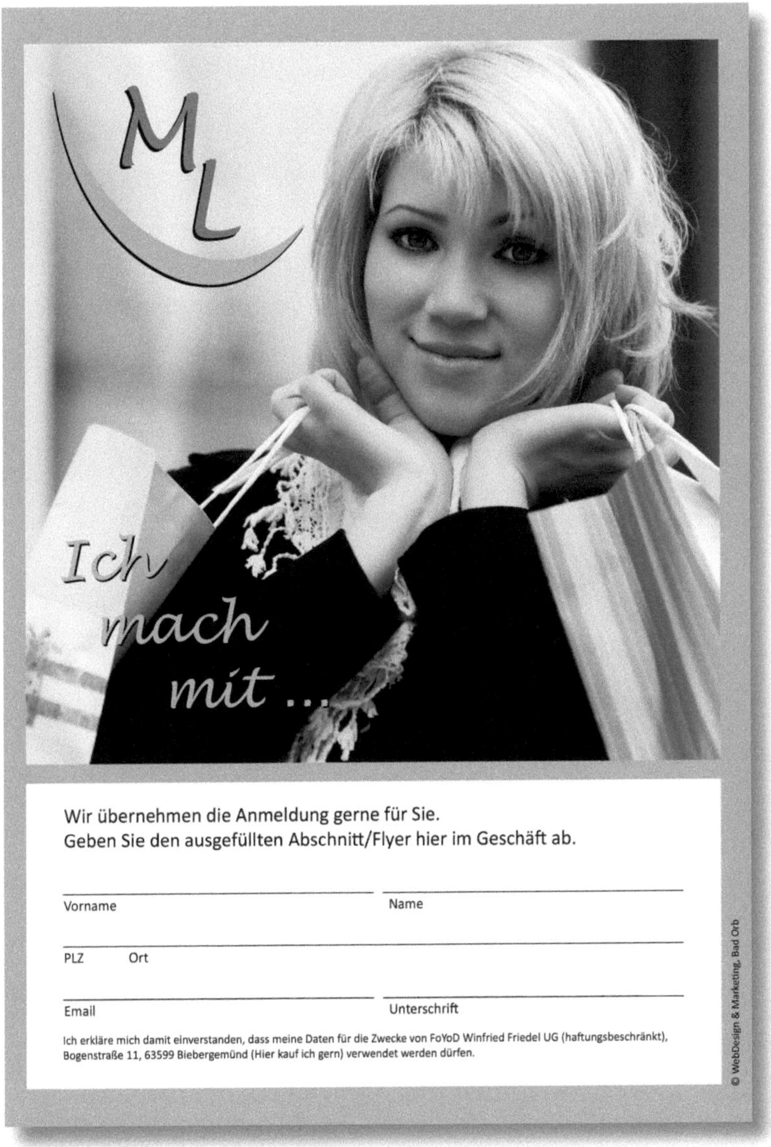
ML
Ich mach mit ...
Wir übernehmen die Anmeldung gerne für Sie.
Geben Sie den ausgefüllten Abschnitt/Flyer hier im Geschäft ab.
Vorname
Name
PLZ
Ort
Email
Unterschrift
Ich erkläre mich damit einverstanden, dass meine Daten für die Zwecke von FoYoD Winfried Friedel UG (haftungsbeschränkt), Bogenstraße 11, 63599 Biebergemünd (Hier kauf ich gern) verwendet werden dürfen.
© WebDesign & Marketing, Bad Orb

... Rückseite

Uwe und ich leben nun seit Mai 2014 die Vision „Mein Lieblingsgeschäft". Wir stellen uns vor, wie jedes Geschäft, absolut jedes Geschäft, sofort und ohne großen Aufwand regelmäßig seine Angebote und News durch unsere Eingabemaske auf der Website einstellt und diese an die Kunden verteilt werden.

Der Kunde erhält über das eingehende Angebot eine Nachricht auf seinem Smartphone. Er schaut drauf und sieht, dass z. B. sein Bäcker ein Angebot eingestellt hat. Und weil er seinen Bäcker mag, sich über diese Info freut, kauft er auf dem Nachhauseweg bei ihm ein und nicht im Supermarkt.

Uwe und ich stellen uns vor, wie das Restaurant, die Kneipe, der Secondhandladen, der Friseur, der Metzger, das Bekleidungsgeschäft, der Schuhladen ihre Angebote einstellen und ihre Kunden mit diesen News schnell und direkt versorgen können.

Der Kunde erkennt: „Mein regionaler Einzelhändler ist ja genauso aktiv wie die großen Filialisten und hat immer was Neues zu bieten!" Und hier mit einem ganz entscheidenden Vorteil: Von seinem Einzelhändler wurde er nun exklusiv und persönlich mit aktuellen News und Angeboten versorgt.

Irgendwie ähnelt meine Vision der von Facebook. Während auf

Facebook News von Personen veröffentlicht und an mich, als bestätigten Freund, weitergeleitet werden, werden auf unserer Website News und Angebote der regionalen Einzelhändler eingestellt und an mich, als Freund meines Lieblingsgeschäfts, gesendet.

Die regionalen Einzelhändler hätten nun erstmals Gelegenheit, gemeinsam als starke regionale Gemeinschaft aufzutreten und sich regelmäßig mit Angeboten zu präsentieren, die bisher nicht möglich und dem Kunden verborgen waren.

Je länger ich über diese Vision – und was daraus alles werden konnte – nachdachte, desto klarer wurde mir, dass ich meine Begeisterung für diese Idee und den Weg der Umsetzung do-ku-mentieren musste. Es war und ist absolut spannend zu sehen, wie sich eine solche Vision entwickelt. Und außerdem will ich erreichen, dass meine Vision viele, viele Menschen teilen. Dazu muss sie verbreitet werden.

Um daran alle Menschen teilhaben zu lassen, habe ich im Juni 2014 damit begonnen, meine Vision, die vor zwei Jahren aus einer kleinen Idee entstanden ist, aufzuschreiben.
Die Vision, dem regionalen Einzelhandel in Deutschland ein

wirkungsvolles Werkzeug an die Hand zu geben, das von vielen Menschen, Geschäftsinhabern sowie deren Kunden, gerne genutzt wird.

Die Vision, wie jeder Einzelhändler seine Kunden direkt und ohne Umwege über Angebote und Neuigkeiten informieren kann.

Eine Vision, die sich verbreiten und weiterentwickeln wird, weil wir letztendlich alle gerne mal einen Einkaufsbummel in attraktiven und lebendigen Innenstädten machen wollen.

So wird es weitergehen

Im September und Oktober 2014 werden wir mit Testgeschäften und deren Kunden unseren Service starten, um die Funktionalität aller Module zu prüfen und Fehler auszumerzen.

Ebenfalls ab September starten wir den Vertrieb.

Zuerst werden alle Gewerbevereine und IHKs in Hessen per Anschreiben über unseren Service informiert. In Vor-Ort-Präsentationen werden wir dann unsere Vision genauer vorstellen und den Geschäften zur Nutzung anbieten.

Parallel dazu werden wir Gespräche mit regionalen Tageszeitungen führen, die diesen Service in ihrem Verbreitungsgebiet exklusiv unterstützen werden – zum eigenen Nutzen und zum Nutzen der Gemeinschaft.

Unsere Vision

Wir werden die regionale Geschäfts- und Einkaufswelt, vertreten durch kleine, individuelle Geschäfte und Anbieter, erhalten, stärken und fördern.

90 % aller Einzelhändler in Deutschland nutzen unser Marketingtool.

Dem Endverbraucher wird durch die Zusammenarbeit mit regionalen Zeitungen, die Partner von „Mein Lieblingsgeschäft" sind, in redaktionellen Texten die Idee immer wieder bewusst gemacht.

Der Endverbraucher nutzt das für ihn kostenlose Shoppingtool und kauft wieder verstärkt beim regionalen Einzelhändler ein. Es entsteht eine sympathische Gemeinschaft des Austausches zwischen dem Endverbraucher mit seinen Lieblingsgeschäften. Wir sind überzeugt, dass wir mit unserem Service und mit Ihnen und Ihren Kunden den Einzelhandel in Deutschland erhalten werden.

Vergegenwärtigen wir uns noch einmal die

Ausgangssituation:

Die regionale Einkaufsvielfalt, örtliche Läden und Anbieter werden immer mehr durch große Einkaufscenter, Filialisten und dem Internethandel verdrängt. Fazit: Die Innenstädte veröden, weil immer mehr Ladengeschäfte schließen oder bereits leer stehen.

Dabei wissen wir alle:

Nicht die großen Ladenketten und Einkaufszentren machen einen Ort individuell und liebenswert, sondern insbesondere ortsansässige Geschäfte und Anbieter, die sich mit neuen Ideen, persönlichem Engagement und finanziellem Einsatz für die Region stark machen, und die mit ihren Umsätzen und Steuern auch das soziale und kulturelle Umfeld der Region stärken und fördern.

Die Lösung:

Die Werbe- und Shopping Revolution 2.0.

Mit Hilfe von www.mein-lieblingsgeschaeft.de kann jedes Geschäft regelmäßig schnell, einfach und günstig <u>direkten Kontakt</u>

zu allen seinen Kunden herstellen.

Und das völlig kostenlos und absolut flexibel für den Kunden. Der Kunde erhält Angebote und News von seinem ausgewählten Lieblingsgeschäft direkt per E-Mail oder auf sein Smartphone. Schneller, einfacher, kundenfreundlicher!

Fazit:

Die Einkaufsvielfalt und Geschäftsattraktivität unserer Innenstädte bleiben nur erhalten, wenn wir gemeinsam die Idee und die Philosophie „Mein Lieblingsgeschäft – Hier kauf ich gern!" leben, unterstützen und fördern!

Nur gemeinsam sind wir stark!

Nur gemeinsam können ortsansässige Geschäfte den bundesweiten Filialisten, großen Einkaufscentern und den Internethändlern erfolgreich die Stirn bieten.

Machen Sie mit!

Weshalb ich an den Erfolg
unserer Vision glaube

Stellen Sie sich ein Land vor, in dem es nur noch große Einkaufscenter auf der grünen Wiese gibt und 20 bis 30 große Filialisten, die uns mit allen Produkten des täglichen Lebens abdecken. Würde es Ihnen da Freude bereiten, durch eine Fußgängerzone zu bummeln, vorbei an den 20 oder 30 immer gleichen Filialisten, um shoppen zu gehen?

Shoppen zu gehen bedeutet doch, mit Freude und Spaß Neues zu entdecken. Nicht das Bekannte und Alltägliche gezielt zu kaufen, sondern den Charme, die Liebenswürdigkeit, die Verschiedenheit einer Stadt zu genießen und Dinge zu entdecken und dann ungeplant etwas Schönes zu kaufen.

Das Individuelle und das Besondere ist es, das Sie, aber auch die Stadt, einzigartig machen.

Und diese Einzigartigkeit einer Stadt, einer Fußgängerzone kommt insbesondere auch durch den Mut, das Risiko, das Engagement und das Streben des regionalen Einzelhändlers zustande.

Ohne diese Vielfalt würde ein Einkaufsbummel keinen Spaß machen, und das ist jedem Kunden bewusst. Dem Bewusstsein des Kunden muss nur regelmäßig die Möglichkeit gegeben werden, sich daran zu erinnern.

Mit „Mein Lieblingsgeschäft – Hier kauf ich gern!" ist das schnell, einfach und günstig umsetzbar, und deshalb werden im Laufe der nächsten Jahre tausende Geschäfte und deren Kunden diesen Service nutzen.

Es werden sich regionale Gemeinschaften entwickeln und jedes Geschäft wird mit seinen Kunden in regelmäßigem Kontakt stehen.

Unsere Vision wird sich jetzt in der Anfangsphase erst mal langsam etablieren. Dabei werden wir Veränderungen, Anpassungen und Verbesserungen vornehmen müssen, damit unsere Vision weiter wachsen kann.

Melden Sie sich jetzt an, Ihre Kunden warten darauf!

Beachten Sie den Aktionscode auf einer der letzten Seiten dieses Buches, der Ihnen bei Anmeldung einen weiteren Vorteil bietet.

FAQ – Häufig gestellte Fragen

Wodurch unterscheidet sich www.mein-lieblingsgeschaeft.de von den zahlreichen anderen Internetseiten, die ebenfalls den regionalen Einzelhandel stärken und fördern wollen?

Unsere Internetseite ist der **Zugang** für Einzelhändler und Kunden, um das eigentliche Marketingtool nutzen zu können, nämlich den direkten Versand von Informationen des Einzelhändlers an seine Kunden.

Gibt es bereits etwas Ähnliches in Deutschland?

Eine Alternative zu unserer Idee eines bundesweiten, einfach zu handhabenden und zentralgesteuerten Marketingtools dieser Art ist uns bisher nicht bekannt.

Viele Geschäfte versenden schon Newsletter an ihre Kunden. Lohnt sich da die Anmeldung überhaupt noch?

Ja, unbedingt! Geschäfte, die den direkten Kontakt mit ihren Kunden bereits pflegen, sind noch weit in der Minderheit.

Haben sich nun von zehn Geschäften einer Region neun da-

von auf www.mein-lieblingsgeschaeft.de registriert, das eine Geschäft, das bereits Infos an seine Kunden verschickt, jedoch nicht, wird dieses Geschäft

1. von allen teilnehmenden Geschäften in der Gemeinschaft vermisst,

2. von den registrierten Kunden auf der Website weder gesehen noch kann es als „Mein Lieblingsgeschäft" ausgewählt werden,

3. keine kostenlose Werbung erfahren und kann dadurch keine neuen Kunden für sich gewinnen.

Welche Computerkenntnisse brauche ich, um www.mein-lieblingsgeschaeft.de effektiv nutzen zu können?

Keine!

Alles ist so programmiert, dass Sie über eine klare Menüführung und Eingabemasken Ihr Angebot oder Ihre Information schnell und einfach einstellen und dadurch an Ihre Kunden weiterleiten können.

Die Adressverwaltung Ihrer Kunden, die Datenpflege, neue Programm-Updates – all diese Punkte nehmen wir Ihnen mit unse-

rem Marketingtool ab.

Weshalb muss ein Kunde bei seiner Anmeldung und Registrierung nur einen Teil seiner Adresse angeben?

Die Straße und Hausnummer eines Kunden werden für unseren Service nicht benötigt. Wir möchten dem Kunden damit auch signalisieren, dass wir seine Daten ausschließlich für unseren Service nutzen. Dafür brauchen wir keine Angabe der Straße und Hausnummer.

Was passiert nach meiner Anmeldung als Geschäft?

Wenn Sie sich angemeldet haben, erhalten Sie zwei E-Mails: Die erste mit Ihren Zugangsdaten zur Einstellung von Angeboten, die zweite mit der Rechnung des Jahresbetrags für das ausgewählte Paket.

Erst nach Zahlungseingang auf unser Konto wird Ihre Angebotsmaske „aktiviert". Außerdem erhalten Sie per Post die Flyer für Ihre Kunden sowie das DIN-A2-Werbeplakat für Ihr Geschäft.

Was sind die wichtigsten Punkte, die ich bei der Nutzung von www.mein-lieblingsgeschaeft.de beachten muss?
Es sind genau zwei Punkte:

1. Sie müssen regelmäßig Angebote, Informationen oder Neuigkeiten über Ihr Geschäft einstellen; mindestens 1 x pro Woche. Ihr Kunde muss erleben, dass es sich lohnt, von Ihnen zu hören, um bei Ihnen vorbeizuschauen und einzukaufen.

Und der wichtigste Punkt:

2. Sprechen Sie alle Kunden, die Ihr Geschäft betreten, auch die, die nichts gekauft haben, auf Ihren neuen Service an und bitten Sie den Kunden, sich entweder selbst auf unserer Website zu registrieren (geben Sie ihm dazu den Flyer mit) oder übernehmen Sie die Anmeldung für den Kunden, indem Sie diesen lediglich den Anmeldebogen ausfüllen lassen.

Diesen Anmeldebogen faxen oder senden Sie uns zu. Wir übernehmen alles Weitere.

Wie wird mein eingestelltes Angebot im Newsletter an meine Kunden dargestellt oder aussehen?

Wir gestalten für jedes Geschäft einen individuellen Newsletter, der vor Versand durch uns immer von Ihnen freigegeben werden muss. Sie haben somit die letzte Kontrolle, um Fehler möglichst zu vermeiden.

Aktionscode

Der untenstehende Aktionscode ist gültig bis 30. Juni 2015. Wenn Sie diesen Code bei Ihrer Anmeldung angeben, gewähren wir Ihnen für 1 Jahr folgende Vorteile:

- **Sie erhalten das**
  „Business Comfort"-Paket für 149,- €* anstatt für 179,- €*

- **Sie erhalten das**
  „Business Premium"-Paket für 179,- €* anstatt für 219,- €*

*Alle Preise verstehen sich zzgl. der gesetzl. Mwst.

Jetzt handeln und anmelden!

BUML311215

Ein MUSS für jeden Einzelhändler!